UN GÂTEAU CE[illegible] FOIS BON

IMAGES DE M. CHEVALLIER

THÈME DE J. CAPEK

TRADUIT DU TCHÈQUE
PAR L. HIRSCH

Albums du Père Castor Flammarion

Imprimé en Italie - ISBN : 978-2-0816-2497-9

C’était demain la fête du chien
et le même jour l’anniversaire du chat.
Les enfants voulurent leur faire une surprise.
Ils réfléchirent et, tout d’un coup,
ils se dirent : « Faisons-leur un gâteau ! »

Aussitôt dit, aussitôt fait :
ils fabriquèrent un beau gâteau de sable,
et mirent sur le dessus cinq jolis cailloux blancs
pour imiter les amandes.

Puis, ils l'apportèrent au chien et au chat.
– Voilà, nous vous offrons un gâteau
pour votre anniversaire et pour votre fête.
Il est très bon. Vous pouvez le manger
jusqu'à la dernière miette.

Le chien et le chat prirent le gâteau,
ils le reniflèrent en faisant :
– Miam, miam, il est fameux ;
vous êtes de grands cuisiniers.
Et ils firent semblant de le manger.

– Merci bien, dirent-ils aux enfants,
jamais nous n'avons mangé
une si bonne chose.
Les enfants, enchantés,
rentrèrent alors chez eux.

– C'est dommage que les chiens et les chats
ne mangent pas le sable, dit le chien au chat
quand leurs camarades furent partis.
J'aurais bien voulu goûter
à un beau gâteau comme ça.
Si tu veux le savoir,
j'ai une envie folle de gâteau,
mais d'un vrai, et je dis bien,
un vrai de vrai, tu entends ?
– Je dis comme toi, un vrai gâteau
me ferait plaisir, répondit le chat.
Puisque c'est demain mon anniversaire
et demain ta fête,
nous devrions en fabriquer un.
Seulement, je ne sais pas
comment on fait les vrais gâteaux.

– Ça n’a rien de très difficile.
Moi, je sais : tu mets dans ton gâteau
tout ce qu’il y a de meilleur à manger
et, quand tu as mis
tout ce qu’il y a de meilleur, eh bien,
le gâteau est le meilleur des gâteaux !
Si, par exemple,
tu prends cinq des meilleures choses,
ton gâteau est cinq fois bon.
Si tu en mets dix,
ton gâteau est dix fois bon.
Nous, nous mettrons
les cent meilleures choses,
et nous aurons un gâteau cent fois bon.
– C’est juste, dit le chat.
Faisons un gâteau cent fois bon.

Le chien et le chat
mirent leur tablier ;
et en avant marche !

Ils prirent de la farine, du lait, un œuf,
et mélangèrent.
– Un gâteau, c’est doux, dit le chat.
Et il versa du sucre en poudre.
– Doux, mais salé quand même, dit le chien.
Et le chien mit du sel.
– Et maintenant du beurre,
et de la confiture, reprit le chat.
– De la confiture, ah non ! dit le chien.
Je préfère le fromage.

Alors ils mirent
de petits morceaux de fromage.
– J’ai l’impression, dit le chat,
que ce n’est pas assez gras,
il faut mettre du lard.

– Et surtout ne pas oublier les noisettes,
dit le chien, qui versa dans la bassine
un plein cornet de noisettes.
– Des noisettes, bien, approuva le chat,
mais avec un concombre.
Et il fourra un concombre.

– Et des os ! cria le chien.
Il n'y a pas de bon gâteau sans os.
– Ni sans souris.
J'aime trop les souris, dit le chat,
qui mit dans le gâteau quatre souris.
– Voilà, pour me faire plaisir,
des cervelas bien poivrés.
– Mais n'oublions pas le principal,
dit le chat, de la crème fouettée.
un plein pot de crème fouettée.
– Et un peu d'ail, dit le chien.
– Et du chocolat, dit le chat.
– Et du bouillon de poulet, dit le chien.

Le chien et le chat mélangèrent
toutes ces bonnes choses,
plus du saindoux et des bonbons,
de petits morceaux de graisse de veau
et de la canelle, de la bouillie et du vinaigre,
du pain d'épices et du fromage blanc,
du cacao et du chou, une tête d'oie
et des raisins secs,
bref toutes les choses imaginables,
sauf du pain, parce que,
c'est bien connu, les chiens et les chats
n'aiment pas tellement manger du pain.

Quand ils eurent tout mélangé
et remélangé, leur gâteau
était grand comme une roue de charrette.
– Nom d'un petit bonhomme !
dirent-ils avec fierté,
c'est ce qui s'appelle un grand gâteau ;
après on n'aura plus faim.
Et maintenant, il faut le mettre au four.

Ils mirent au four le gâteau
et attendirent avec impatience.
Ça fit de la fumée, ça craqua, ça gonfla,
ça siffla, ça meugla, ça siffla encore, ça rôtit,
ça coula et ça sentit le vieux chiffon brûlé.

Quand le chien et le chat pensèrent que le gâteau était cuit, ils le placèrent devant la porte pour le faire refroidir.

Le chat dit :

– Comme les enfants ont eu la gentillesse de nous apporter un gâteau pour notre fête et notre anniversaire, nous, nous les inviterons à manger le nôtre.

– Allons les inviter, dit le chien.

Ils se prirent par la patte
et allèrent inviter les enfants.
Les enfants jouaient au jardin.

Le chien et le chat jouèrent un moment
avec eux aux billes, au ballon,
et un peu aux osselets.

Pendant qu'ils étaient partis,
un chien méchant passa près du gâteau
et se dit : « Ah, ah, très bonne odeur !
Voilà quelque chose pour mes grandes dents. »

Il renifla, renifla, et son museau
vint cogner juste contre le gâteau.
« Ah, ah, voilà, voilà !
Et maintenant mangeons. »

Le méchant chien se jeta sur le gâteau.

Il avala, il avala,
il en avait les larmes aux yeux,
parce que l'intérieur du gâteau
était encore brûlant.

Il s'étouffa une fois, deux fois,
se remit à avaler, à avaler,
et tout le gâteau y passa.
Il but là-dessus un plein seau d'eau
et s'en alla en roulant de droite et de gauche comme une oie.

Quand le chat et le chien
eurent fini de jouer dans le jardin
avec les enfants, ils se rappelèrent
qu'ils avaient sorti le gâteau du four.
Tous alors se prirent par la main
et par la patte, et s'en allèrent
regarder s'il était refroidi.
Le chien et le chat dirent :
– Mes petits enfants, vous allez vous régaler.
Vous ne pouvez pas savoir toutes
les bonnes choses
qu'il y a dans notre gâteau.

Ils arrivent... Ils regardent...
Plus de gâteau.
– Jésus, crièrent le chien et le chat,
le gâteau n'est plus là !
Quelqu'un nous l'a volé !

Ils regardent, ils regardent, et voilà,
là-bas, sous un buisson d'églantines,
un grand chien méchant couché,
et il pousse de gros soupirs :
« Heu, heu, heu... »

Il a trop mangé de gâteau.
Maintenant, ça le gêne de partout,
il a très mal au ventre.

Le méchant chien crie :
– Hou, ça fait mal ! Hou, ça fait mal !
Il y avait trop de bonnes choses
dans ce gâteau,
c'est pour ça, c'est pour ça !
– Parfaitement, dit le chien.
Tu n'avais qu'à le laisser.
On ne touche pas aux gâteaux des autres.

Le chat dit :
– Tu sais, chien, je ne suis pas tellement fâché que cette sale bête nous ait mangé le gâteau.
Peut-être que nous aussi, nous aurions eu mal au ventre, et alors ta fête et mon anniversaire auraient été gâchés.

Le chien dit :
– C'est juste.
Laissons-le brailler et souffler, ça lui va très bien.
Mais moi, j'ai faim.
Il ne nous reste plus rien à manger, nous avions tout mis dans le gâteau ; et je ne voudrais tout de même pas avoir faim le jour de ma fête !

– Venez chez nous,
dirent les enfants pour les consoler,
nous partagerons notre déjeuner.
La maman des enfants leur donna
une petite soupette, de la viandette
et des boulettes de pomme de terre,
et, par-dessus le marché,
un reste de gâteau de la veille.

Le chien et le chat
furent très contents.
Ils remercièrent les enfants :
– On peut dire que notre fête
et notre anniversaire
se sont très bien passés.
Nous avons fait un bon déjeuner,
et nous n'avons même pas
eu mal à notre petit ventre.
Et ils se retirèrent satisfaits.

Le chat et le chien allèrent dormir.
Et le grand méchant chien
qui avait mangé leur gâteau de fête
continuait à brailler et à souffler
dans son buisson ;
et il souffla et brailla
pendant quinze jours encore.

G. Canale & C. S. p. A, Borgaro T. se - Turin - 06-2008 - Dépôt légal : Janvier 2004 - Editions Flammarion (N°2497) Paris, France.
Loi n° 49-956 du 16 juillet 1949 sur les publications destinées à la jeunesse